دار جامعة حمد بن خليفة للنشر
صندوق بريد 5825
الدوحة، دولة قطر

www.hbkupress.com

Il Salone di Bellezza

الطبعة العربية الأولى عام 2022
دار جامعة حمد بن خليفة للنشر

الترقيم الدولي: 9789927155840

تمت الطباعة في الدوحة-قطر.

مكتبة قطر الوطنية بيانات الفهرسة – أثناء – النشر (فان)

كابيتي، أنتونيلا، مؤلف.

[Salone di Bellezza]. Arabic

صالون أنيسة للتجميل / تأليف أنتونيلا كابيتي ؛ رسوم ألكسندرا كابوزا ؛ ترجمة ريما إسماعيل. الطبعة العربية الأولى. – الدوحة، دولة قطر : دار جامعة حمد بن خليفة للنشر، 2022.

صفحة ؛ سم

تدمك: 978-992-715-584-0

ترجمة لكتاب: Il Salone di Bellezza.

1. صالونات التجميل -- قصص الأطفال. 2. الحيوانات -- قصص الأطفال. 3. احترام الذات -- قصص الأطفال. 4. قصص الأطفال الإيطالية -- المترجمات إلى العربية. 5. الكتب المصورة. أ. كابوزا، ألكسندر، رسام. ب. إسماعيل، ريما، مترجم. ج. العنوان.

PZ7.O225 C37125 2022

823.914 – dc23

202228327378

صالون أنيسة للتجميل

تأليف: أنتونيلا كابيتي

رسوم: ألكسندرا كابوزا

ترجمة: ريما إسماعيل

دار جامعة حمد بن خليفة للنشر

HAMAD BIN KHALIFA UNIVERSITY PRESS

صالُونُ أَنِيسَةَ للتَّجْمِيلِ مُزْدَحِمٌ.
صَرَخَتِ الكَلْبَةُ شاكِيَةً: «أَنِيسَةُ، أَرْجُوكِ ساعِدِينِي، أُرِيدُ تَصْغِيرَ أُذُنَيَّ الكَبِيرَتَيْنِ!»
وَتَذَمَّرَتْ أُنْثَى الفِيلِ قائِلَةً: «ماذا عَنِّي؟ انظُرُوا إلى خُرْطُومِي الطَّوِيلِ!»

صاحَتْ أُنثَى آكِلِ النَّمْلِ: «تَوَقَّفَا عَنِ التَّذَمُّرِ! عِنْدِي لِسانٌ طَوِيلٌ، وَأَنفٌ طَوِيلٌ، وَمَخالِبِي هِيَ الأَطْوَلُ!»

فَرَدَّتِ الزَّرافَةُ بِاسْتِياءٍ: «صَحِيحٌ أَنَّ لِسانَكِ طَوِيلٌ، وَلَكِنَّهُ أَقْصَرُ مِنْ رَقَبَتِي... إِنَّها شَدِيدَةُ الطُّولِ!»

وَسَأَلَتْ أُنْثَى فَرَسِ النَّهْرِ: «هَلْ يُفَضِّلُ أَحَدُكُمْ أَسْنانِي الضَّخْمَةَ؟ أَوْ حَوافِرِي الأَرْبَعَةَ المُخِيفَةَ؟!»

فَهَسْهَسَتِ الحَيَّةُ قائِلَةً: «ماذا عَنّي؟ أَنا لا أَمْلِكُ مَخالِبَ، وجِلْدِي مَكْسُوٌّ بالحَراشِفِ وَيَتَبَدَّلُ!» وتَنَهَّدَتِ السُّلَحْفاةُ، وَقالَتْ: «الحَراشِفُ أَفْضَلُ مِنْ قَوْقَعَةٍ قاسِيَةٍ ثَقِيلَةِ الوَزْنِ». وهنا تَمْتَمَتِ الحَلَزُونَةُ: «ماذا سَأَقُولُ عَنْ شَكْلِي؟ انظُروا إلى قَرْنَيَّ البَشِعَيْنِ!»

اشْتَكَتْ أُنْثَى اللَّاما قائِلَةً: «أَنا لَسْتُ بِحالٍ أَفْضَلَ!
فَأَنا أَبْصُقُ عِنْدَ الخَطَرِ، وشَعْرِي أَشْعَثُ!»
فَصَرَخَتِ الدُّودَةُ: «لَكِنَّكِ تَمْلُكِينَ شَعْرًا على الأَقَلِّ!»
ابْتَسَمَتِ الدَّجاجَةُ أَنِيسَةُ، وَأَنْصَتَ الجَمِيعُ حِينَ
قالَتْ لِلدُّودَةِ: «لماذا تَتَذَمَّرِينَ! أَنْتِ جَمِيلَةٌ جِدًّا...
لَوْنُكِ وَرْدِيٌّ! إِنَّهُ اللونُ الأَكْثَرُ رَواجًا هَذِهِ السَّنَةَ!»

رَأَتِ الدُّودَةُ نَفْسَها
فِي المِرْآةِ، وَقَالَتْ:
«مَعَكِ حَقٌّ؟ اللَّوْنُ
الوَرْدِيُّ يَلِيقُ بِي!»

ثُمَّ قَالَتْ لِأُنثَى اللَّاما:
«وأَنتِ، انظُري إلى
قامَتِكِ الطَّويلَةِ
الأَنيقَةِ!»

سارَتْ أُنثَى اللَّاما
وهيَ تَتَمايَلُ في
مِشْيَتِها، وَتَنْظُرُ في
المِرْآةِ وَهِي مُعْجَبَةٌ
بِنَفْسِها.

ثُمَّ قالَتْ لِلْحَلَزُونَةِ: «أَلَا تَعْلَمِينَ أَنَّ قَرْنَيْكِ أَنيقانِ جِدًّا وَجَميلانِ جِدًّا!»

شَعَرَتِ الحَلَزُونَةُ بِالخَجَلِ مِنَ الإِطْرَاءِ، فَأَدْخَلَتْ قَرْنَيْها ثُمَّ أَخْرَجَتْهُما
مُجَدَّدًا. وَقالَتْ لِأُنْثَى اللّاما: «أَظُنُّكِ مُحِقَّةً، فَبِفَضْلِ هَذَيْنِ القَرْنَيْنِ
أَسْتَطِيعُ أَنْ أُبْصِرَ بِدِقَّةٍ.

بَلْ أَسْتَطِيعُ أَنْ أَرَى الزَّخْرَفاتِ الجَمِيلَةَ على قَوْقَعَةِ السُّلَحْفاةِ!»
نَظَرَتِ السُّلَحْفاةُ إلى قَوْقَعَتِها بِاسْتِغْرابٍ، وَقالَتْ:

اقْتَرَبَتِ الدودَةُ والحَلَزونَةُ والسُّلَحْفاةُ مِنَ المِرآةِ، وَنَظَرْنَ إلى أَنْفُسِهِنَّ.

قالَتِ السُّلَحْفاةُ لِلحَلَزُونَةِ: «مَعَكِ حَقٌّ، قَوْقَعَتِي جَمِيلَةٌ جِدًّا! لَكِنَّ جِلْدَ الحَيَّةِ أَفضَلُ بِكَثِيرٍ مِنْ قَوْقَعَتِي!»

فَرِحَتِ الحَيَّةُ بِكَلِماتِ الإِطْراءِ والمَدِيحِ. وعِنْدَئِذٍ عَرَفَتْ كَمْ هِيَ جَمِيلَةٌ.

وَنَظَرَتِ الحيَّةُ إلى أُنثَى فَرَسِ النَّهرِ، وَقالَتْ لَها: «قَدْ لا يَكُونُ جِلْدُكِ جَمِيلًا مِثْلَ جِلْدِي، ولَكِنَّ أَسْنانَكِ مُذْهِلَةٌ!»

ارْتَبَكَتْ أُنثَى فَرَسِ النَّهْرِ، وَقالَتْ: «ظَنَنْتُ دَوْمًا بِأَنَّها ضَخْمَةٌ، وَلَكِنِّي صِرْتُ أَجِدُها مُناسِبَةً لِوَجْهِي. وحَوافِرِي لا بَأْسَ بِها أَيْضًا...». ثُمَّ قالَتْ لِلزَّرافَةِ: «سَأَعْتَرِفُ لَكِ بِأَنَّنِي مُعْجَبَةٌ بِقَرْنَيْكِ الصَّغِيرَيْنِ المَكْسُوَّيْنِ بِالشَّعْرِ».

ابْتَسَمَتِ الزَّرافَةُ، وَأَجابَتْ: «أُمَشِّطُهُما كُلَّ صَباحٍ،
لَعَلَّ ذَلِكَ يَزيدُهُما جَمالًا؟» ثُمَّ قالَتْ لِأُنْثى آكِلِ النَّمْلِ:
«أَتَعْرِفينَ ما الَّذي يُعْجِبُني فيكِ؟ إِنَّها مَخالِبُكِ الرّائِعَةُ!»

نَظَرَتْ أُنْثى آكِلِ النَّمْلِ إلى مَخالِبِها، وقالَتْ: «صَحيحٌ!
وَإِنَّها تَنْفَعُني جِدًّا، مِثْلُ لِساني وَأَنْفي ومِثْلُ رَقَبَتِكِ أَيَّتُها
الزَّرافَةُ العَزيزَةُ!»

قَالَتْ أُنثَى الفِيلِ مُفْتَخِرَةً: «كَلامُكُمْ صَحِيحٌ! لا أَدْرِي ماذا يُمْكِنُني أَنْ أَفْعَلَ مِنْ دُونِ خُرْطُومِي الطَّوِيلِ! وأَنْتِ أَيَّتُهَا الكَلْبَةُ، لا تَتَذَمَّري!.. فَشَعْرُكِ المَنْفُوشُ جَمِيلٌ!»

احْمَرَّ وَجْهُ الكَلْبَةِ خَجَلًا، وَأَجابَتْ: أَتَعْرِفِينَ أَنِّي أَحْظَى بِالإعْجابِ بِفَضْلِ أُذُنَيَّ المُتَدَلِّيَتَيْنِ وعَيْنَيَّ الجَمِيلَتَيْنِ!»

بَدَأَتْ إناثُ الحَيَواناتِ بَعْدَ ذَلِكَ في المُغادَرَةِ، مُوَدِّعَةً الدَّجاجَةَ أَنِيسَةَ: «إِلى اللِّقاءِ يا أَنِيسَةُ، وَشُكْرًا لَكِ...».

طَرِيفٌ لِلْغايَةِ!
مَعَكِ حَقٌّ!
جَمِيلٌ
نَعَمْ، صَحِيحٌ!
حَقًّا؟

يا لَلرَّوْعَةِ!
مُسَلٍّ جِدًّا
شُكْرًا